Eminem

Gwen Berwick and Sydney Thorne

Adapted from the original by Mike Wilson

Hodder & Stoughton
A MEMBER OF THE HODDER HEADLINE GROUP

Acknowledgements
Cover photo: Alex Maguire/Rex Features
Photos: p2 © AP Photo/Paul Warner
p5 © AP Photo/Paul Sancya
p7 © All Action
p11 © PA News
p16 © AP Photos/Mark Lennihan
p18 © Marion Curtis/Rex Features
p20 © Haydyn West/PA Photos
p23 © PA Photos
p25 © AP Photo/Max Nash
p27 © European Photo Agency/PA Photos

Orders: please contact Bookpoint Ltd, 130 Milton Park, Abingdon, Oxon OX14 4SB. Telephone: (44) 01235 827720, Fax: (44) 01235 400454. Lines are open from 9.00–6.00, Monday to Saturday, with a 24 hour message answering service. You can also order through our website at www.hodderheadline.co.uk

British Library Cataloguing in Publication Data
A catalogue record for this title is available from The British Library

ISBN 0 340 858494

First published 2003
Impression number   10 9 8 7 6 5 4 3 2 1
Year   2006 2005 2004 2003

Copyright © 2003 Gwen Berwick and Sydney Thorne

All rights reserved. No part of this publication may be reproduced or transmitted in any form or by any means, electronic or mechanical, including photocopy, recording, or any information storage and retrieval system, without permission in writing from the publisher or under licence from the Copyright Licensing Agency Limited. Further details of such licences (for reprographic reproduction) may be obtained from the Copyright Licensing Agency Limited, of 90 Tottenham Court Road, London W1T 4LP.

Typeset by Fakenham Photosetting Ltd, Fakenham, Norfolk.
Printed in Great Britain for Hodder & Stoughton Educational, a division of Hodder Headline, 338 Euston Road, London NW1 3BH by Hobbs the Printers, Totton, Hampshire.

Table des matières

	Page
1. Qui est Eminem?	1
2. Origines	3
3. Les *Dirty Dozen*	8
4. Le premier album	12
5. Slim Shady	14
6. Dr Dre	17
7. Eminem et Kim	19
8. Haile Jade	21
9. Le succès	24
10. Héros ou ennemi public?	28

What do you know about Eminem?

- Why are his lyrics controversial?
- Is there a soft side to Eminem?
- How did he cause a stir at the 2001 Grammy Awards?

read on...

1. Qui est Eminem?

C'est vrai
qu'il déteste les homosexuels?

C'est vrai
qu'il déteste Britney Spears?

C'est vrai
qu'il est un rappeur de génie?

Il y a beaucoup de questions
sur Eminem.
Il y a beaucoup d'opinions extrêmes.

Qui est Eminem:
héros ou ennemi public?

qui – who   *vrai – true*   *qu'il – that he*   *génie – genius*

Eminem: héros ou ennemi public?

2. Origines

Nom:	Marshall Mathers III (M + M = Eminem)
Alias:	Eminem
Surnom:	Slim Shady
Date de naissance:	17 octobre 1974
Lieu de naissance:	Kansas City, Michigan

Le père d'Eminem
s'appelle Marshall, aussi.

Mais quand le petit Eminem
a six mois,
son père quitte la famille.

Eminem n'a pas une seule photo
de son père.

Plus tard,
Eminem écrit une lettre à son père.
Il n'y a pas de réponse.

Beaucoup plus tard,
quand Eminem est riche,
le père écrit une lettre à son fils.
Il n'y a pas de réponse.

---

surnom – nickname *quitte – leaves*
une seule – a single *plus tard – later* *fils – son*

L'enfance d'Eminem est difficile.

Sa mère, Debbie, est alcoolique.
Ils habitent dans un quartier noir de Detroit,
et la famille déménage
tous les 5 ou 6 mois.

Il n'y a pas de stabilité.

Eminem change régulièrement de collège.
Il a des problèmes avec des garçons
violents de sa classe.
Un jour, ils frappent Eminem
très violemment –
et il est dans le coma
pendant plus de dix jours!

un quartier – an area	*déménage – moves house*
tous les 6 mois – every 6 months	*frappent – hit*

Debbie Mathers, la mère d'Eminem.

Il n'a pas de père à la maison,
mais Eminem adore son oncle.

Oncle Ronnie est très jeune –
il est comme un frère pour Eminem.

Ronnie écoute beaucoup de musique.
C'est chez Ronnie qu'Eminem écoute
du rap pour la première fois.
C'est le single *Reckless*, par Ice T.

Eminem a neuf ans.
Il sait immédiatement
que la musique rap est son destin.

Dix ans plus tard,
Oncle Ronnie se suicide.
Eminem est inconsolable.

---

jeune – young   comme – like
la première fois – the first time   sait – knows

Eminem: un jeune rappeur blanc.

3. Les *Dirty Dozen*

Adolescent,
Eminem est beaucoup influencé
par le hip hop.
Ses favoris sont les Beastie Boys,
LL Cool J, Run-DMC, Big L
et 3rd Bass.

A l'âge de 14 ans,
il écrit ses premières rimes.

A 15 ans, Eminem quitte le collège.
Il fait du travail ennuyeux:
il travaille dans des cuisines,
et il nettoie des toilettes.

Mais il a une grande ambition:
être rappeur.

quitte – leaves   *travail – work*   *nettoie – cleans*

Dans les rues du quartier,
Eminem rencontre d'autres jeunes rappeurs.
Ils sont tous noirs.

Au début, ils insultent Eminem.
Un rappeur blanc?
Impossible!

Mais quand ils écoutent Eminem,
c'est différent.
Il est fantastique.
Sa couleur n'est pas importante.

Pour la première fois,
Eminem a de vrais amis.

les rues – the streets   rencontre – meets   d'autres – other

Il y a six garçons dans la bande d'amis:
Proof, Swifty, Kon Artis, Kuniva,
Bizarre et Eminem.
Six garçons et six alias: ça fait douze!

Les copains s'appellent les *Dirty Dozen*, ou *D-12*.

Ils se font une promesse:
si un membre du groupe
a du succès dans sa carrière,
il n'oubliera pas ses copains.

En 2001,
quand Eminem fonde son label,
Shady Records,
le premier groupe qu'il signe,
c'est *D-12*.

---

si – if *sa carrière* – his career
il n'oubliera pas – he won't forget *fonde* – founds, starts

Eminem et ses copains s'appellent les *Dirty Dozen*.

4. Le premier album

Un jour,
des producteurs de Detroit,
FBT (Funky Bass Team),
écoutent la radio locale.
Ils entendent un jeune rappeur génial.
Son nom?
Eminem.

Les producteurs encouragent Eminem
à former un duo
avec DJ Buttafingas.
Le duo s'appelle *Soul Intent*.

Mais Eminem n'est pas content
de leur musique.

Et il veut avoir une carrière solo.

producteurs – producers   *entendent – hear*

En 1996, Eminem fait son premier
album, *Infinite*,
sous le label Web Entertainment.

L'album sort seulement à Detroit,
et il n'a pas beaucoup de succès.

Le rappeur n'est pas content de son
album.
Il doit changer de style:
il doit développer son propre style.

Mais l'album est toujours utile
comme démo pour les *Rap Olympics*
de 1997.
Eminem est accepté.
Il participe à la compétition –
et finit en deuxième place!

sort seulement – only comes out *il doit – he has to*
propre style – own style *est toujours utile – is still useful*

5. Slim Shady

Un jour, Eminem invente le surnom
Slim Shady.
Beaucoup de mots riment avec le nom.
C'est un alias idéal pour Eminem.

Mais qui est Slim Shady?

Slim Shady représente le mauvais côté
de Marshall Mathers,
une sorte d'alter ego.

Marshall Mathers est l'homme normal;
Slim Shady est le côté malsain
qui veut être libéré...

C'est Slim Shady qui a des idées
violentes et inacceptables.
C'est Slim Shady qui est plein de
haine.
C'est Slim Shady qui a un sens de
l'humour malsain.

---

riment – rhyme le mauvais côté – the bad side malsain – sick
libéré – free, liberated plein de haine – full of hate

Et pour Eminem c'est le succès
quand Slim Shady commence à rapper.

The Slim Shady EP sort en 1998.

C'est plein de haine, plein de violence –
comme Slim Shady.

Et le public l'aime.

sort – comes out   comme – like

Dr. Dre, le héros d'Eminem.

6. Dr Dre

Au collège, Eminem écoute Dr Dre et
son groupe, NWA.
Dr Dre, c'est son héros.

Maintenant, en janvier 1998,
à l'âge de 23 ans,
voilà Marshall Mathers dans le studio
avec Dr Dre.
Il rappe avec son héros!

Dr Dre entend Eminem pour la
première fois à la radio.
Il pense qu'Eminem est un rappeur
noir.
Mais quand il se rend compte
qu'Eminem est blanc,
ça ne change rien.
Un bon rappeur, c'est un bon rappeur.

Dr Dre signe Eminem à son label,
Aftermath.

Pour Eminem,
Dr Dre est un producteur fantastique
– et un vrai ami.

---

entend – hears   *se rend compte – realises*   *rien – nothing*

Eminem et son ex-femme, Kim.

7. Eminem et Kim

« Je ne déteste pas les femmes
en général », dit Eminem,
« mais parfois, elles me rendent fou. »

Il pense à Kim, son ex-femme.

Eminem se marie avec Kim en 1999,
mais c'est un mariage tumultueux,
avec des séparations régulières.
Et les séparations rendent Eminem fou.

Dans le rap *97 Bonnie and Clyde*,
Eminem parle de tuer Kim.

Il y a beaucoup de violence contre les
femmes dans les raps d'Eminem
et dans ses clips vidéo, aussi.

La situation est trop difficile pour Kim.
En juillet 2000,
elle essaie de se suicider.

En août, Eminem demande le divorce.

---

la femme – 1) woman 2) wife *elles me rendent fou* – they make me mad
tumultueux – stormy *parle de tuer* – talks of killing *essaie* – tries

Eminem et ses fans.

8. Haile Jade

La musique d'Eminem est pleine de haine.

Mais il y a une personne qu'il adore: sa fille, Haile Jade.

« Je n'écris jamais au sujet de ma fille, » dit-il.
« Mon amour pour ma fille est privé – et je ne veux pas être sentimental dans ma musique. »

Quand Haile a 3 ans, Eminem utilise sa voix dans *97 Bonnie and Clyde* – la chanson où il parle de tuer sa mère...

---

sa fille – his daughter   *mon amour – my love*   *privé – private*
utilise sa voix – uses her voice

« Oui, » dit Eminem,
« je vais parler de ça avec Haile
quand elle sera assez grande... »

En février 2001, à Los Angeles,
Eminem reçoit trois *Grammy Awards*,
une dans la catégorie
'meilleur album de rap'.

Dans son discours,
Eminem annonce à Haile Jade
(et au public)
« Papa t'aime... »

Eminem:
vraiment l'homme dur du rap?

---

quand elle sera assez grande – when she's old enough *meilleur – best*
discours – speech *l'homme dur – the hard man*

En 2001, Eminem reçoit trois *Grammy Awards*.

9. Le succès

Les albums d'Eminem sont très populaires
et le rappeur a beaucoup de fans
en Amérique et en Europe.

The Slim Shady LP
(producteur: Dr Dre)
sort en 1999
et est au numéro 2
des ventes aux Etats-Unis.

The Marshall Mathers LP
entre directement au numéro 1
en mai 2000.

Et en juin 2002,
l'album *The Eminem Show*
entre directement au numéro 1, lui
aussi.

En 2002, Eminem fait son premier film,
8 Mile.

C'est le grand succès.
Mais il y a de la controverse aussi...

Eminem en concert.

À la cérémonie des *Grammy Awards*
en février 2001,
Eminem chante en duo
avec Elton John.

« C'est ridicule! » disent les activistes
des droits pour les homosexuels.
« Eminem est homophobe! »

Mais si Eminem déteste les
homosexuels,
pourquoi chante-t-il avec Elton John?

« La musique d'Eminem est
intelligente et amusante, » dit Elton
John.
« Eminem est sympa –
et il ne déteste *pas* les homosexuels! »

Et Eminem?
« Elton est homosexuel? » dit-il.
« Je ne le savais pas.
Je ne m'intéresse pas à sa vie privée. »

---

chante – sings   *les droits – rights*
je ne le savais pas – I didn't know   *sa vie privée – his private life*

Eminem et Elton John

10. Héros ou ennemi public?

La musique d'Eminem,
est-elle malsaine et dangereuse?
Ou est-elle seulement une
représentation d'une société violente?

Et Eminem, est-ce qu'il incite les
jeunes à la violence?
Est-il sérieux?

« J'ai un sens de l'humour exagéré, »
dit Eminem.

« Les jeunes ne sont pas stupides.
Ils savent la différence entre le bien et
le mal. »

Eminem: héros ou ennemi public?
A toi de décider!

---

malsaine – sick	*seulement – only*	*savent – know*
le bien – right	*le mal – wrong*	